로버트 서비스의
트로츠키 왜곡에 대한 비판

폴 르블랑 지음 | 이수현 옮김

로버트 서비스의
트로츠키 왜곡에 대한 비판

지은이 | 폴 르블랑
옮긴이 | 이수현
교열 · 감수 | 최일봉
펴낸곳 | 도서출판 책갈피

등록 | 1992년 2월 14일(제2014-000019호)
주소 | 서울 성동구 무학봉15길 12 2층
전화 | 02) 2265-6354
팩스 | 02) 2265-6395
이메일 | bookmarx@naver.com
홈페이지 | http://chaekgalpi.com

첫 번째 찍은 날 2014년 4월 28일
두 번째 찍은 날 2021년 8월 25일

값 3,000원

ISBN 978-89-7966-104-0 03300
잘못된 책은 바꿔 드립니다.

로버트 서비스의
트로츠키 왜곡에 대한 비판

폴 르블랑 지음 | 이수현 옮김

책갈피

폴 르블랑

1960년대 말 이후 오랫동안 트로츠키주의자로서 활동해 왔고, 현재 미국 피츠버그의 라로슈대학교 역사학과 조교수다. *Lenin and the Revolutionary Party, A Short History of the US Working Class* 등 좋은 책과 글을 여럿 썼다.

이 글은 애초 《마르크스21》 7호(2010년 가을)에 실렸던 것이다.

이 글은 Robert Service, *Trotsky: A Biography,* Cambridge, MA: Harvard University Press, 2009에 대한 서평이다. 최근 출판된 《트로츠키》(교양인)는 Macmillan 출판사에서 발행한 페이퍼백을 번역한 것이다. 폴 르블랑은 원본에서 나타난 몇 가지 틀린 사실들을 지적하는데, 페이퍼백에서는 이 점들이 수정돼 있다. 수정된 사실들은 본문 ( ) 안에 작은 고딕 글씨로 페이퍼백의 국역을 옮겨 놨다. 본문의 쪽수는 국역본의 쪽수이다.

로버트 서비스의 트로츠키 왜곡에 대한 비판

로버트 서비스가 쓴 레온 트로츠키 전기는 대단한 찬사를 받았다. "트로츠키는 눈부신 혜성처럼 정치의 하늘을 날아다녔다"고 서비스는 말한다. 레닌을 비롯한 러시아 혁명 지도자들과 함께 볼셰비키당(나중에 공산당으로 이름을 바꾼다)에서 활동한 "트로츠키가 처음으로 세계인의 주목을 끈 것은 1917년이었다. … 그는 세계를 무대로 파란만장한 삶을 살았다. 10월 혁명

출처: Paul Le Blanc, 'Trotsky lives!', *International Viewpoint* 419 (December 2009)

은 역사의 흐름을 바꿔 놓았고, 트로츠키는 그 혁명에서 두드러진 구실을 했다. … 트로츠키의 재능이 특출하다는 것은 부인할 수 없다. 그는 탁월한 연설가·조직가·지도자였다.”(21, 22, 26쪽. 이하 쪽수만 표기)

노동자 평의회(소비에트)와 볼셰비키의 진지한 혁명적 이상이 점차 시들해지고 이오시프 스탈린이 이끄는 악랄한 관료 독재가 발흥하자 트로츠키는 그런 퇴보를 가장 신랄하게 비판하는 사람이 됐다.

반反스탈린주의 좌파뿐 아니라 “스탈린 정권을 혐오한 유력 평론가 중 많은 사람들도” 트로츠키를 진지하게 다뤘다. “1917년 2월 로마노프 왕조 몰락 이후 벌어진 사건들에 대한 트로츠키의 설명은 서구의 역사 저작 속에 깊이 뿌리내렸다”고 서비스는 지적한다. 그렇지만 “스탈린은 트로츠키를 10월 혁명의 배신자로 규정하고 1936~38년의 여론 조작용 재판에서 트로츠키에게 죄를 뒤집어씌운 다음 소련 보안경찰에게 트로츠키를 암살하라고 명령했다. 그들은 1940년 트로츠키를 암살하는 데 성공했다.”(23, 22쪽)

그러나 스탈린의 공산당 체제는 그 후 50년도 버티지 못했다. 하지만 자본주의가 세계적으로 승리했음에도 세계 자본주의는 다양한 위기를 겪고 있다. 생태·사회·문화·정치·군사·경제 등 다양한 차원의 위기를 생각해 보라.

10년 전 유엔 회원국들은 새천년의 목표, 즉 세계의 빈곤과 기아를 획기적으로 줄이고 여성의 권리를 신장하고 아동 교육을 확대하고 보건의료를 개선하고 환경의 지속가능성을 높이고 "공정무역"을 증진하는 등의 목표를 2015년까지 달성하겠다고 약속했다. 그러나 이를 위한 보잘것없는 성과들보다는 차질과 좌절이 더 많았다. "자본주의가 모든 것을 망치고 있다"는 1970년대의 오래된 사회주의 구호는 21세기 초에도 아주 적절한 말인 듯하다.

확실히 요즘은 현대의 가장 위대한 혁명가 중 한 명에게 관심을 쏟을 만하다. 트로츠키에 관한 각종 자료·기록·문서 등을 뒤져서 새로운 사실들을 밝혀냈다거나 이 혁명적 마르크스주의의 상징적 인물에 대한 객관적 설명을 최초로 제시했다는 서비스의 주장은 흥미롭다.

그러나 그의 책은 여러모로 그런 주장과 맞지 않는다. 사실, 이 책을 서평한 많은 사람들이 열광한 것은 자신들이(그리고 서비스도) 신화라고 여겼던 것들을 이 책이 논파했다는 것이다. 소설가이자 언론인인 로버트 해리스는 런던에서 발행되는 〈선데이 타임스〉에서 서비스의 책을 칭찬하면서 다음과 같이 평했다. "트로츠키의 생애 전체를 다룬 영어판 전기가 마지막으로 나온 지 50년 후에 로버트 서비스는 이 신화에 주목했다. 그리고 사실상 트로츠키를 다시 한 번 암살했다."[1]

문화적 현상

이런 평가, 즉 서비스의 책은 1950년대와 1960년대에 아이작 도이처가 트로츠키를 호의적으로 다룬 세 권짜리 걸작을 쓴(근래 버소출판사가 다시 펴냈다) 이후 처음 출간된 영어판 트로츠키 전기 대작이라는 해리스의 주장에는 적어도 한 가지 문제가 있다. 공평하게 말하자면, 서비스 자신은 사실 다음과 같이 말했다. "이 책은 트로츠키주의자도 아니고 러시아인도 아닌 사람이 쓴 최초의 트로츠키 전기다."(머리말)

표현을 어떻게 하든 이 주장도 사실이 아니다. 1975년에 조얼 카마이클이 약 5백 페이지짜리 《트로츠키 평전》을 내놨다.

---

1 Robert Harris, "Trotsky: A Biography by Robert Service," *Sunday Times*, October 18, 2009, http://entertainment.timesonline.co.uk/tol/arts_and_entertainment/books/non-fiction/article6876331.ece.

1977년에는 로버트 페인이 쓴 《트로츠키의 삶과 죽음》(거의 5백 페이지다)이 출간됐다. 1979년에는 로널드 시걸이 쓴 4백 여 페이지짜리 전기 《레온 트로츠키》가 출간됐다. 서비스의 전기가 트로츠키를 다시 암살했다는 것도 이런 책들보다 약간 더 심할 뿐 많이 심한 것은 아니다.

서비스가 자신은 트로츠키주의자가 아니라고 강조한 것도 이 세 책의 저자가 모두 트로츠키주의자가 아니었다는 사실에 비춰 보면 거짓말이다. 게다가 그중 두 권은 (서비스의 책과 마찬가지로) 트로츠키가 옹호한 것을 기본적으로 모두 반대하는 책들이다.

게다가 서비스의 책이 나오기 전에 지난 몇 년 동안 중요한 책이 세 권 더 출간됐다. 하나같이 트로츠키를 비판하거나 적대시하는 책들인데, 이언 대처의 《트로츠키》(2002), 제프 스웨인의 《트로츠키》(2006), 버트런드 페이트노드의 《트로츠키 — 한 혁명가의 몰락》(2009)이 그런 책들이다. 놀라운 점은 트로츠키의 생애를 비판적으로 다룬 책들이 그토록 많이 출간됐다는 것이다.

여기에 1995년 러시아에서 출간되고 [이듬해 — 옮긴이] 영어로 번역된 주요 저작을 덧붙인다면, 드미트리 볼코고노프가 쓴 적대적인 전기 《트로츠키 — 영원한 혁명가》가 있다. 이 책이 출간됐을 때도 오늘날 서비스의 책이 받은 것과 비슷한 찬사가 쏟아졌다. 왜 그렇게 폭로에 집착하는 책들이 꼬리에 꼬리를 물고 끝없이 나오는지 궁금할 정도다.

사이먼 시벅 몬트피오리에게 이것은 결코 문제가 아니다.(서비스는 서문에서 몬트피오리의 도움에 감사를 표한다.) 상층 계급 소속 역사가이자 소설가이고 스탈린 권위자인 몬트피오리는 보수 신문인 〈데일리 텔리그래프〉에서 다음과 같이 불평했다. "트로츠키는 마오쩌둥이나 어느 정도는 레닌과 마찬가지로 오랫동안 공산주의의 거물이었다. 심지어 민주주의 사회에 사는 일부 사람들조차 그들을 급진적 성자인 양 떠받들었다. 그 공산주의자들이 광란의 유혈 참극을 일으켜 파괴했을 바로 그 사회에 사는 사람들이 말이다." "레닌과 마오쩌둥은 이미 스탈린처럼 잔인한 괴물로 다시 그려졌지만" 트로츠키는 이제서야 빨갱이 괴물들의 만신전萬神殿에 안치될 수 있게 됐다. 서비스가 트로츠키의 "추악한 이기주의, 무례하고 오만 방자한 태도, 대량 학살을 맹신하고 미친 듯이 실행한 점" 등을 잘 폭로한 덕분이다.[2]

---

2 Simon Sebag, Montefiore, "Trotsky by Robert Service: review," *Daily*

정치적으로 더 중립적인 〈타임스〉에 실린 리처드 해리스의 서평은 더 낫다. 결코 보수파라 할 수 없는 그는 "신노동당"의 전 총리 토니 블레어를 열렬히 지지했다. 해리스는 아마 자신의 경험을 바탕으로 다음과 같이 쓴 듯하다. "가장 기분 나쁜 중간계급 학생 급진주의자, 즉 과격하고 냉소적이고 오만하고 이기적이고 거만하고 쌀쌀맞고 철없고 편협하고 거들먹거리는 사람을 상상할 수 있다면, 그리고 그런 이미지가 응축되고 코안경을 걸친 사람을 20세기 초로 거슬러 올라가 찾아보면 트로츠키를 만나게 될 것이다."[3]

〈월스트리트 저널〉은 학자이자 인권운동가인 조슈아 루벤스타인의 서평을 실었는데, 그의 평가는 뒤죽박죽이다. 루벤스타인은 서비스의 책이 "감정이나 이데올로기에 집착하지 않고 트로츠키를 다룬"(아주 절제된 표현일 수 있다) "오랫동안 기다렸던" "생생한" 전기라고 칭찬하면서도, 서비스가 "때때로 전혀 어울리지 않는 개인적 적대감을 드러낸다"고, 또 "마르크스주의

Telegraph, 11 October 2009, http://www.telegraph.co.uk/culture/books/6271804/Trotsky-by-Robert-Service-review.html.

3 Harris, 각주 1번에서 인용한 글.

이론가이자 탁월한 독립 언론인인 트로츠키의 저작들을 거의 논하지 않는다"고 정확히 지적한다. 트로츠키가 그런 저술 활동을 각별히 중시했음을 감안할 때 이 점은 서비스 책의 놀랄 만한 약점이다.[4] 뉴턴이나 다윈이나 아인슈타인의 과학 이론을 다루지 않고 그들의 전기를 쓸 수 있을까? 이것은 치명적 약점이다. 트로츠키의 사상을 진지하게 다루지 않는다면 그를 제대로 이해하고 평가할 수 없다.

적어도 한 서평자, 즉 타리크 알리는 좌파 성향의 〈가디언〉에서 다음과 같이 서비스를 맹비난했다. "서비스가 애써 길게 설명하는 일부 내용은 아주 하찮은 것들이어서 그냥 무시하는 게 낫다." 또, 알리는 서비스가 트로츠키의 진정한 사상을 다루지 않았다는 루벤스타인의 지적을 마치 자세히 설명하듯이 다음과 같이 덧붙인다. "대다수 중요한 쟁점들 — 소련에서 당이 국가를 대체할 위험, 히틀러를 물리치기 위해 사회민주주의자들이나 자유주의자들과 연합할 필요성, 중국 공산당에게 장제스와의 동맹을 강요한 어리석은 짓, 히틀러가 집권하면 유대인들이

---

4 Joshua Rubenstein, "Revolutionary's Road," *Wall Street Journal*, November 27, 2009, http://online.wsj.com/article/SB10001424052748704431804574538603020283292.html.

처할 운명, 나치가 소련을 침공하려고 준비 중이라는 끊임없는 경고 — 에서 트로츠키가 옳았음이 거듭거듭 입증됐다."[5]

책 자체

서비스의 책을 진지하게 살펴보면, 앞서 말한 서평자들의 평가를 고스란히 받아들이기는 힘들다는 것을 알게 된다. 조금은 더 낫기도 하고 훨씬 더 나쁘기도 하기 때문이다.

사실, 서비스의 책은 아주 읽기 쉽다. 문체는 명쾌하고 이야기는 재미있다. 이 책은 트로츠키 자신이 문학적 걸작 《나의 생애》에서 잡아놓은 기본 얼개 — 도이처의 3부작 《무장한 예언

---

5 Tariq Ali, "The Life and Death of Trotsky," *The Guardian*, 31 October 2009, http://www.guardian.co.uk/books/2009/oct/31/trotsky-stalin-service-patenaude. '주류' 언론에서는 알리 같은 좌파적 비판이 흔치 않지만, 주변화된 좌파들은 하나같이 서비스의 책을 부정적으로 평가한다. 예컨대, 온라인에서 찾아 볼 수 있는 피터 태프Peter Taafe, 데이비드 노스David North, 폴 햄프턴Paul Hampton, 데이브 셰리Dave Sherry 등의 비판이 그렇다. 각각의 비판은 생각해 볼 만한 논점들을 제기한다.(하지만 나는 서비스가 트로츠키 전기에서 냉소적으로 "유대인 혐오를 부추겼다"는 노스의 주장에는 동의하지 않는다.)

자》, 《비무장의 예언자》, 《추방된 예언자》로 보완된 — 를 따르고 있다. 서비스는 《나의 생애》의 일관된 구조를 노련한 장인처럼 압축해서 더 간결하고 속도감 있는 이야기로 만들려 한다.

서비스가 트로츠키에 대한 부정적 평가를 잔뜩 늘어놓는다는 것은 확실하다. 좌파와 우파의 많은 논평이 그런 부정적 평가에 집중돼 있다. 후버연구소가 트로츠키를 주제로 개최한 대담에서 크리스토퍼 히친스와 토론할 때 서비스는 트로츠키라는 혁명가의 특징을 다음과 같이 요약했다. "경이로울 만큼 탁월한 인간이지만 … 그의 삶은 끔찍한 실수로 얼룩진 일생이기도 했습니다."[6] 이것이 바로 서비스가 순회 강연에서 주장한 요지였고, 그의 책에 대한 언론의 관심이 집중된 대목이기도 하다.

그럼에도 서비스의 책에는 도이처의 권위 있는 전기의 영향력, 1960년대 이후 러시아 혁명에 대한 사회사 연구의 상당한 성과(러시아 혁명에 공감한 존 리드의 생생한 목격담인 《세계를 뒤흔든 열흘》의 내용을 근본적으로 확증시켜 준), 트로츠키 자신의 저작의 강력한 영향력이 여전히 남아 있다. 이 모든 것이

---

6 "Trotsky Per Hitchens and Service", Hoover Institution, July 28, 2009, http://www.hoover.org/multimedia/uk/52383062.html.

서비스의 책 페이지마다 스며들어 있다. 그리고 이것들은 서비스 자신이 의도했던 것과는 다른 방향으로 나아간다.

게다가 여러 면에서(앞으로 보게 되겠지만, 모든 면에서는 아니다) 서비스는 자신이 유능한 역사가임을 입증한다. 그는 여러 해 동안 레닌을 연구해서, 유능하지만 갈수록 레닌에게 적대적인 세 권짜리 정치적 전기[각각 1986년, 1991년, 1995년에 출간된 *Lenin: A Political Life*, Indiana University Press를 말한다. — 옮긴이]를 펴냈는데, 그 "결정판"인 레닌 전기[2000년에 출간된 *Lenin: A Biography*, Basingstoke을 말한다. 국역본은 《레닌》, 시학사, 2001. — 옮긴이]는 불행히도 졸작이 되고 말았다.

이 연구를 통해 서비스는 1917년 혁명 때까지의 러시아 혁명운동사를 어느 정도 알게 됐다. 이것은 그가 트로츠키 전기를 쓰는 데 큰 도움이 됐다. 서비스는 이런 연구 결과를 바탕으로, 그리고 상당한 분량의 2차 문헌도 활용해 트로츠키 전기를 썼을 뿐 아니라 실제로 여러 문서고에서 많은 시간을 보내며 새로운 자료도 발굴했다.

서비스는 이 문서고 조사 작업을 매우 중요하게 여기면서, 《나의 생애》 초고와 그 밖의 저작들에서 발췌했을 것으로 생각되는 내용들을 새로운 사실이라며 공개했다. 사실, 트로츠키의 명예를 훼손할 만큼 깜짝 놀랄 만한 새로운 "폭로"가 있는 것은 아니지만, 몇 가지 새롭게 알게 된 것은 있다. 예컨대, 트로츠키가 첫 아내 알렉산드라와 주고받은 편지가 있다. 혁명 활동을 하다 감옥에 갇힌 청년 트로츠키는 연인에게 다음과 같이 써 보냈다. "미하일로프스키는 라살을 다룬 글에서, 남자는 자기 자신에게보다 사랑하는 여인에게 더 솔직해질 수 있다고 말했어요. 이 말은 어느 정도 사실이지만, 그런 솔직함은 오직 개인적 대화에서만 가능하고, 항상 가능한 것이 아니라 이례적인 특정 상황에서만 가능하지요." 이런 편지를 두고 서비스는 다음과 같이 적절하게 논평한다. "그때뿐 아니라 나중에도 트로츠키는 극단적 이미지와 인상적인 표현 들을 좋아했다. 트로츠키가 그랬던 것은 결코 인위적인 날조가 아니었다. 다른 사람들과 소통하지 못하면 살아 있다고 느낄 수 없던 사람의 개성이 자연스럽게 표출된 것이었다."(105, 106쪽)

그렇지만 이 책에는 놀랄 만큼 엉성한 대목들도 있다. 예컨대, 서비스는 트로츠키의 아버지가 랍비를 고용해 어린 아들에게 토라[유대교 율법의 근간인 오경, 즉 창세기·출애굽기·레위기·민수기·신명기 — 옮긴이]를 가르쳤다고 추측한다.(57~58쪽)

그러나 서비스가 근거로 든 자료는 맥스 이스트먼이 《레온 트로츠키 — 한 청년의 초상》에서 짧게 설명한 내용이다. 이스트먼의 책에는 트로츠키의 아버지가 가정교사를 채용했다는 내용이 분명히 나온다. 턱수염을 기른 그 가정교사가 불가지론을 믿는 학자였다는 것은 분명하지만 랍비는 아니었다. 이 사실은 서비스도 인정하는 트로츠키 아버지의 특징, 즉 비교적 세속적인 인물이었다는 사실과도 부합한다. 서비스가 이스트먼보다 더 뚜렷한 증거를 제시하지도 않은 채 트로츠키 집안의 가정 교육을 종교 교육으로 둔갑시킨 것은 기묘하다.[7]

때로는 서비스가 말한 "사실들"이 틀린 경우도 있다. 서비스는 트로츠키가 "1909년 사회혁명당 당원들이 중앙위원회에 침투한 경찰 끄나풀 예브노 아제프를 살해하자 '개인적 테러'를 강력하게 비판했다"고 주장한다.(213쪽 – 국역본에는 "1909년 언론에 지난 몇 년간 사회혁명당이 여러 번의 암살을 감행했다는 사실이 폭로되자, 트로츠키는 '개인적 테러'에 반대한다는 언급을 했다."로 돼 있다)

그러나 그런 비판은 불가능했다. 아제프가 사회혁명당 조직

---

7 Max Eastman, *Leon Trotsky: The Portrait of a Youth* (New York: Greenberg, 1925), 26–27.

내에서 엄청나게 중요한 직책, 즉 테러·암살을 조정하는 직책을 맡은 경찰 첩자였다는 것은 분명한 사실이다. 그리고 이런 테러·암살은 트로츠키를 비롯한 러시아 사회민주노동당의 마르크스주의자들이 단호히 반대한 전술이었다는 것도 분명하다.

그러나 아제프는 경찰 첩자라는 사실이 발각되자 독일로 도망쳤다. 그는 [제1차세계대전이 터지자 — 옮긴이] 1917년까지 독일 감옥에 갇혀 있다가 1918년에 신장병으로 죽었다.[8] 왜 트로츠키가 결코 일어나지도 않은 살인 사건을 비난했겠는가? 당연히 그런 일은 없었다. 그러나 이 사례는 확실히 서비스의 정확성에 대한 신뢰도를 떨어뜨린다.

중요한 사실에 대한 설명이 틀린 경우도 있다. 가장 당혹스런 사례 하나는 서비스가 브레스트리토프스크 협상을 자세히 설명하는 부분이다. 볼셰비키 혁명의 집권 공약은 "평화·빵·토지"였고, 새 소비에트 정부의 최우선 과제 하나는 러시아를 제1차세계대전의 참화에서 빼내는 것이었다. 그래서 트로츠키를 단장으로 하는 강화 협상단이, 서비스가 멋지게 표현했듯이, "직

---

8 Nurit Schleifman, "Azef, Evno Fishelevich (1869–1918)," *The Blackwell Encyclopedia of the Russian Revolution*, ed. by Harold Shukman (Oxford, UK: Blackwell, 1988), 303–304.

조공의 북처럼 브레스트리토프스크와 러시아 수도 사이를 왔다갔다 하면서" 독일과 협상을 벌였다.(371쪽)

독일 군부는 매우 가혹한 조건을 내놓았고, 러시아 혁명가들은 이 조건을 정말 받아들이고 싶지 않았다. 일부 혁명가들은 독일 제국주의에 맞서 "혁명 전쟁"을 벌이자고 주장한 반면, 레닌은 아무리 혐오스럽더라도 독일의 강화 조건을 [소비에트 — 옮긴이] 정권이 받아들여야 한다고 주장했다. 트로츠키는 중간에서 "강화도 아니고 전쟁도 아니다"는 태도를 취했다. 협상을 질질 끌고 대대적인 혁명적 선전 공세를 펼치는 사이에 중부 유럽에서 이미 나타나기 시작한 프롤레타리아의 정치적 동요가 노동자 봉기로 발전하기를 기대하자는 것이었다.

서비스는 트로츠키가 처음에 다수의 지지를 받았다(심지어 레닌조차 걱정하고 의심하면서도 트로츠키를 지지했다)고 지적한다. 그러나 나중에는 레닌이 어찌어찌해서(아마도 동지들 사이에서 설득력 있는 대화와 로비를 통해서) 마침내 다수가 강화 조약 체결을 지지하게 만들 수 있었다. 어떻게 그럴 수 있었는가? 어찌 된 영문인지 모르겠지만, 서비스는 다음과 같은 사실을 지적하지 않는다. 즉, 참지 못한 독일 군대가 대규모 공세를 감행하고 그 공격이 성공하면서 "혁명 전쟁" 주장이 공허하다는 것과 트로츠키의 절충적 태도가 부적절하다는 것이 드러났고, 그러자 독일군 최고사령부는 훨씬 더 가혹한 요구 조건을 내놓았고 이제 레닌은 별 어려움 없이 다수를 설득해서 강화조약 체결을 받아들이게 할 수 있었다는 사실 말이다.[9]

더 사소하지만 엉성한 사례들도 많다. 예컨대, 트로츠키를 지지한 시인이자 초현실주의 이론가인 앙드레 브르통을 "초현실주의 화가"라고 일관되게 그러나 부정확하게 일컫는 부분이 그렇다.(687, 783, 796쪽 – 국역본에는 "초현실주의 시인"(687, 783쪽)으로 돼 있다. 그러나 796쪽에서는 앙드레 브르통이 번역 과정에서 빠졌다.) 트로츠키를 비판한 버트럼 울프Bertram Wolfe와 트로츠키 지지자인 버너드 울프Bernard Wolfe를 혼동한 것도 그렇다.(761쪽 – 로버트 서비스의 페이퍼백에는 에르빈 볼프(Erwin Wolf)로 바뀌었는데, 에르빈 볼프는 트로츠키의 또 다른 후원자이다. 국역본에는 버너드 울프로 바로잡혀 있다.)

또, 서비스는 다음과 같이 말한다. "트로츠키와 나탈랴는 첫 아들 이름을 지을 때 할아버지 이름에서 따오지 않고 세르게이라는 이름을 선택했다."(360쪽 – 국역본에는 레프로 돼 있다.) 그러나 세르

---

9 Isaac Deutscher, *The Prophet Armed, Trotsky: 1879–1921* (Oxford, UK: Oxford University Press, 1954)[국역: 《무장한 예언자 트로츠키》, 필맥, 2005], 381–386.

게이 세도프는 둘째 아들이고, 서비스 자신이 책의 다른 부분에서 인용하며 밝혔듯이 큰 아들은 레프 세도프였다.

서비스 자신에 의해 엉성함이 들통나는 부분도 한두 군데가 아니다. 1916년 트로츠키와 그의 가족이 스페인 증기선을 타고 뉴욕으로 항해하는 과정을 묘사하면서 서비스는 "트로츠키는 자기 가족이 묵은 객실이 2등칸이었다고 주장했지만" 이것은 "어리석은 거짓말"임이 "드러났다"고 주장한다. 왜냐하면 트로츠키 가족이 2등칸 뱃삯을 치렀지만 2등칸 침대 예약이 초과돼서 "추가 요금을 내지 않고 1등 객실을 배정받았다"는 사실이 밝혀졌기 때문이라는 것이다.

그러나 서비스가 달아놓은 각주를 보면, 트로츠키가 이 "어리석은 거짓말"을 한 대상은 자기 자신이었다. 왜냐하면 그 주장은 트로츠키가 출판할 생각 없이 썼던 1935년 일기에 나오고 그 일기는 트로츠키가 죽은 뒤에야 출판됐기 때문이다.(분명히 트로츠키의 기억 착오 때문이었을 것이다.)

똑같은 구절에서 서비스는 트로츠키 가족이 "노동자들과 얘기하는 데 시간을 허비하고 싶지 않아서" "최하층 갑판의 승객들과 어울리지 않았다"고 주장한다. 그러나 몇 줄 아래서 서비스는 트로츠키가 제1차세계대전을 주제로 토론할 때 "그의 마음에 드는 사람은 룩셈부르크 출신의 가정주부 딱 한 명뿐이었다"고 말한다. 다음 단락에서 서비스는 트로츠키의 일기를 보면 그의 아들들이 "스페인 선원들과 친해졌는데, 그 선원들은 머지않아 자신들이 마드리드에서 왕정을 무너뜨릴 것이라고 말했다"(아마 이 선원들도 트로츠키의 마음에 들었을 것이다)는 대목이 나온다고 지적한다.(280~281쪽)

인간성과 정치

앞서 지적했듯이, 서비스의 책에는 트로츠키를 비판하는 사견이 상당히 많다. 특히 도입부와 끝맺는 부분에 집중돼 있지만 비판적 주장·추측·추정은 책 전체 여기저기에 섞여 있다.

서비스는 이 책의 목적이 "스탈린과 스탈린주의를 제 논에 물 대기 식으로 설명해서 좌파 저술가든 우파 저술가든 많은 저술가들의 담론에 심각한 영향을 미친" 사람, 그러나 그 자신도 "독재와 공포정치에 대한 욕망"을 드러냈고 실제로 적극적으로 "공포정치를 즐겼던" 사람의 "잊혀진 생애를 재조명하는 것"이라고 주장한다.(독자들은 두려워하지 마시라. 왜냐하면 이 책은 결코 그런 노골적인 욕망과 공포정치 즐기기의 사례를 실제로 제시하지는 않는다!)

서비스는 트로츠키의 특징적 성격으로 다음과 같은 것들을 꼽았는데, 이 책의 찾아보기에 나오는 몇 가지를 예로 들어 보자. 다른 사람들을 소외시키고, 오만하고, 감상적 생각이나 행위를 혐오하고, 우두머리 노릇을 좋아하고, 남들이 자신을 어떻게 대하든 개의치 않고, 지기 싫어하는 승부욕이 강하고, 이기적이고, 우둔함을 참지 못하고, 둔감하고, 완벽주의를 고집하고, 걸핏하면 발끈하고, 철저한 금욕주의자이고, 짜증 잘 내고, 허영이 심하고, 자기중심적이고, 지배욕이 강하다.(27, 861, 859쪽) 이것이 다 틀린 말은 아니다.

아이작 도이처도 트로츠키가 때때로 "걸핏하면 발끈했고 고압적이었고 팀워크 재주가 없었다"고 인정했다. 트로츠키의 볼셰비키 동료였던 아나톨리 루나차르스키는 1923년 신랄하리만치 솔직하게 트로츠키를 묘사했다. "엄청나게 오만하고, 남들을 배려하거나 인간적으로 친절하게 대할 의지나 능력이 없고, 레닌에게는 항상 있었던 그런 매력이 없다 보니 트로츠키는 어느 정도 외로울 수밖에 없었다."

서비스를 비롯해서 다른 사람들은 트로츠키가 실제로는 남들을 친절하게 대하거나 대단한 매력을 보여 주기도 했고 시간이 흐를수록 약간 온화해졌지만, 덜 사랑스러운 성격 자체는 결코 바뀌지 않았다고 지적한다.

서비스는 레프 세도프가 트로츠키의 둘째 아내인 나탈랴와 주고받은 편지를 찾아냈는데, 1936년에 쓴 그 편지에서 트로츠키의 유능한 혁명가이자 활동가인 아들은 다음과 같이 불평했다. "아버지의 단점들은 모두 나이가 들수록 더 나빠지고 있어요. 이견을 용납하지 않는 태도, 불 같은 성미, 짜증, 심지어 조야함과 공격 본능까지." 그리고 "아버지는 자신이 틀려도 결코 오류를 인정하지 않아요. 그래서 비판을 참지 못하시는 거죠. 아버지가 동의하지 않는 말이나 글을 접하면 아예 철저하게 무시하거나 아니면 아주 혹독하게 반박하시죠."(407, 747~748쪽)

그러나 루나차르스키가 강조한 다른 특성들, 즉 "놀라운 일관성과 문학적 재능, 풍부한 상상력, 통렬한 풍자, 용솟음치는 비애감, 엄격한 논리, 반짝이는 강철 같은 광채"도 계속 남아 있었다. 그리고 "트로츠키는 허영심이 전혀 없었고, 호칭이나 권력의 특전 따위에 완전히 무관심했다"는 사실도 마찬가지였다. 루나차르스키는 다음과 같이 결론지었다. "트로츠키는 자신의 역사적 구실을 소중히 여긴다. 그리고 사람들의 기억 속에 진정한 혁명 지도자의 후광에 둘러싸인 인물로 남기 위해 … 십중팔구

어떠한 개인적 희생도 감수할 것이다."[10] (루나차르스키가 말한 이 마지막 특성을 트로츠키의 단점으로 여기는 사람들도 있고 장점으로 여기는 사람들도 있다.)

루나차르스키가 말한 많은 특성과 서비스가 묘사한 측면들은 서로 겹치기도 하지만, 서비스가 부정적 특성으로 꼽은 핵심 요소들(위선, 뿌리깊은 권위주의, "공포정치 즐기기")은 서비스가 조사·연구 끝에 얻은 결론이라기보다는 사람들이 트로츠키의 신념을 진지하게 심사숙고하지 못하게 하려는 저자의 욕심에서 비롯한 듯하다. 그런 욕심은 조사·연구에 선행하는 것이고 저자의 이데올로기적·제도적 책무에서 비롯한 것이라는 의심이 든다. 서비스는 자신의 정치를 솔직하게 드러내지는 않지만, 서문의 첫 문

10 Anatoly Vasilievich Lunacharsky, *Revolutionary Silhouettes*, with an introduction by Isaac Deutscher (New York: Hill and Wang, 1967), 21, 62, 65, 67, 68. 서비스는 트로츠키가 아들의 죽음을 슬퍼하며 쓴 글 "아들이자 친구이자 투사였던 레온 세도프"를 인정하지 않기로 작정했다. 의문의 죽음을 당한 아들에게 부모가 바치는 이 조사에서 트로츠키는 "그는 신실하고 헌신적이고 사랑스런 우리 아들이었다. … 세상 그 누구보다 더 우리 삶의 일부였고, 우리 삶 속에 깊숙이 뿌리내리고 있었고, 우리와 함께 생각하고, 함께 일하고, 우리를 지켜 주는, 우리의 의논 상대, 우리의 친구였다" 하고 썼다.(Leon Trotsky, *Portraits Political and Personal* [New York: Pathfinder Press, 1977], 190.)

장에서 후버연구소가 자신의 "근거지"라고 솔직하게 말한다. 후버연구소는 오랫동안 보수적 신념으로 유명했고, 그 연구소에서 서비스는 매우 존경받는 선임연구원으로 활동하고 있다.

후버연구소의 '비전 선언문'은 다음과 같이 단언한다. "개인적·경제적 자유, 사기업, 대의제 정부 같은 원칙들이 연구소 창립자의 근본적 비전이었다."(후버연구소 창립자는 자유방임 자본주의를 깊이 신봉한 보수적 미국 대통령 허버트 후버였다.) "연구소는 지식을 모으고 아이디어를 짜내고 지식과 아이디어를 보급해서, 평화를 유지·보장하고 인류의 조건을 개선하고 정부가 개인의 삶에 개입하는 것을 제한하려 한다."

이런 관점이 서비스에게 미친 영향은 후버연구소가 주최한 대담에서 히친스와 토론할 때 넌지시 드러났다. 그때 서비스는 다음과 같이 주장했다. 심지어 "트로츠키처럼 통찰력 있는 인물이 있다 해도 … 국가가 운영하는 중앙집권적 경제에서는 시장경제에서 얻을 수 있는 것만큼 대중 소비재를 원하는 대로 얻을 수 없다는 점은 … 절대로 확실합니다."[11]

---

11 "Mission Statement," Hoover Institution, http://www.hoover.org/about/mission; "Trotsky Per Hitchens and Service," cited in footnote 6.

서비스가 책을 쓴 동기와 내심의 이데올로기가 무엇이었든 간에 우리가 너무 자주 발견하게 되는 사실은 그가 개인의 고약한 특성들을 헤아리는 이상한 게임을 하고 있다는 것이다. 그것은 진지한 전기 작가에게서 기대할 수 있는 것과는 거리가 멀다. 그런 많은 사례 중에서 네 가지만 살펴보자.

- 트로츠키가 알렉산드라에게 보낸 연애편지에서 의심과 우울한 기분을 털어놓은 것을 두고 서비스는 다음과 같이 말한다. "무의식적으로 트로츠키는 알렉산드라가 자기를 사랑하는 것 이상을 하게 하려고 유도하고 있었다. 그는 알렉산드라가 자기를 이해하고 돌봐주기를 원했고, 아마도 자신의 약점을 털어놓으면 그럴 수 있을 거라고 생각했던 듯하다." 트로츠키의 고백이 가식적인 계산된 행동이었다는 것을 서비스가 어떻게 아는가? 사랑하는 사람에게 약점을 털어놓는 것이 꼭 술수와 책략은 아니다. 여기서 서비스가 트로츠키를 깎아내리는 것은 "남자는 자기 자신에게보다 사랑하는 여인에게 더 솔직해질 수 있다"는 트로츠키의 고백을 서비스가 인정한 듯한 언급과 맞지 않다.(105쪽)
- 때때로 서비스는 비판에 골몰하다가 너무 피상적으로 흘

러서 더 실질적이고 설득력 있는 비판의 가능성을 스스로 차단하기도 한다. 트로츠키는 혁명 활동의 아주 초기에 동지들과 함께 체포돼 수감됐는데, 그때 교도소 당국에 그다지 위협적이지 않은 도전을 했다가 그와 동지들이 모두 독방에 갇혔다. "트로츠키는 나중에도 그렇게 대담한 행동을 몇 차례 더 했는데, 다른 사례들과 마찬가지로 이 초기 사건도 출판된 회고록에서는 거론하지 않았다." 그러나 이 초기의 무모한 "영웅주의"는 불필요했다는 것이다. 처벌을 받고 나서 트로츠키와 그 동지들은 평화적으로 협력하는 방안을 선택했다고 한다. 그러나 서비스가 선호하는 설명은 다음과 같다. "트로츠키는 문학 작가들에 심취하고 나서야 그 점을 깨우칠 수 있었다. 트로츠키는 남들 앞에서 폼 잡는 것을 좋아했지만 자랑하는 것은 싫어했다. 그는 남들이 자기를 칭찬해 주는 것을 더 좋아했다."(112쪽) 그러나 덜 복잡한 설명은 트로츠키가 결코 그런 미숙하고 별로 위협적이지 않은 "대담한" 행동을 자랑스러워하지 않았다는 것이다. 아마 그는 약간 부끄러워했을 것이다.

• 빈 망명 시절 트로츠키에게 골치아픈 사건들이 잇따랐다. 어머니가 사망했고, 이가 아파서 치과에서 고통스런 치료를 받아야 했고, 첫 결혼에서 얻은 11살 난 큰딸이 갑자기 나타났

다.(5년 동안 못 봤던 딸이 우크라이나에서 트로츠키의 아버지와 함께 찾아온 것이었다.) 당시 트로츠키는 스트레스성 질환에 시달리고 있었다. 트로츠키의 아버지가 그를 데리고 의사를 찾아갔다. 이를 두고 서비스는 다음과 같이 추측한다. "아마 트로츠키가 아버지를 데려갔을 것이다. 아버지가 병원 진료비를 내게 하려고 말이다." "트로츠키의 편지들을 보면 또 다른 동기가 있었음을 알 수 있다[증거로 인용된 편지는 전혀 없다]. 그는 자신의 편의를 잘 돌봐줄 사람과 함께 가는 것이 좋다고 생각했던 듯하다. 트로츠키는 다시 한 번 관심의 초점이 됐고, 아버지와 함께 빈의 전문의를 찾고 나서 기운을 회복했다."(232쪽) 왜 이것이 트로츠키가 자기중심적이고 이기적인 인물임을 보여 주는 사례로 둔갑하는가? 사실, 아버지가 괴로워하는 아들을 데리고 병원에 가는 것은 얼마든지 있을 수 있는 일이고, 아무리 30대 청년이라도 아버지가 함께 돌아다니며 보살펴 주고 돌봐주는 것은 중요하고 필요한 일 아닌가? 1920년대에 맥스 이스트먼은 다음과 같이 말했다. "트로츠키는 자기 아버지를 자랑스러워했다. … 그는 아버지 이야기 하기를 좋아했다."[12]

---

12 Eastman, 7.

• 1915년의 트로츠키와 카를 라데크에 대한 언급은 뜬금없다. "두 사람은 거의 친구 사이였다. 두 사람에게 친구라고 할 만한 사람들이 있었다면 말이다."(266쪽) 그러나 서비스 자신이 트로츠키와 친한 사람들을 여럿 거론했다. 아돌프 이오페, 크리스티안 라코스프키, 그리고 트로츠키주의 운동 외부의 인사들로는 알프레드 로스메르와 마르게리트 로스메르, 오토 륄레와 앨리스 륄레-게르슈텔을 들 수 있을 것이다.(트로츠키 집안의 몇몇 사람들도 추가할 수 있다.)[13]

그럼에도 서비스는 역사가답게 엄청나게 많은 사료를 바탕으로, 트로츠키와 그 밖의 혁명가들이 실제로 생각하고 시도하고 달성한 것을 분명하게 설명한다. 서비스는 1917년 10월 혁명 전 몇 달 동안의 상황이나 가장 헌신적인 혁명가들이 볼셰비키당으

---

13 책의 다른 곳에서 서비스는 특히 이오페와 라코프스키가 트로츠키와 친구처럼 가까웠다고 인정한다. 또, Alfred and Marguerite Rosmer, *From Syndicalism to Trotskyism: Writings of Alfred and Marguerite Rosmer* (London: Porcupine Press, 2000)와 Alice Rühle-Gerstel, "No Verses for Trotsky: A Diary (1937)," *Encounter*, April 1982, 27-41도 보시오. 세라 웨버Sara Weber도 트로츠키와 그의 아내 나탈랴와 친하게 지냈다고 썼다. Sara Weber, "Recollections of Trotsky," *Modern Occasions*, Spring 1972를 보시오.

로 몰려드는 과정을 정말로 현실감 있게 잘 묘사한다. 그는 곧 볼셰비키당에 가입하게 되는 모이세이 우리츠키의 말을 인용한다. (다른 많은 사람들과 마찬가지로) 우리츠키도 트로츠키를 보고 강렬한 인상을 받았는데, 망명지에서 막 돌아온 트로츠키는 가장 웅변 잘하고 열정적이고 탁월한 대중 연설가라는 사실을 스스로 입증해 보이고 있었다. "이 위대한 혁명가가 도착하면 사람들은 레닌이 아무리 똑똑하더라도 트로츠키라는 천재 옆에 서면 빛이 바랠 것이라고 생각하게 된다." 서비스는 다음과 같이 썼다.

> 레닌은 정치적 극좌파 중에 경쟁자들이 생기는 것을 전혀 두려워하지 않았다. 그는 트로츠키 같은 적극적이고 재능 있는 협력자들이 필요했고 또 그런 사람들을 원했다. 레닌과 트로츠키는 러시아 혁명의 다양한 쟁점들에서 견해가 같았다. 임시정부는 타도돼야 하는 것이고 '노동자 정부'가 수립돼야 한다. 유럽 사회주의 혁명의 시대가 도래했다. 세계대전을 끝낼 방법은 극좌파들이 집권해서 자본주의·제국주의·민족주의·군국주의를 거부하는 것뿐이다. 러시아에서 근본적 개혁이 즉시 시작돼야 한다. 농민은 황실·국가·교회의 토지를 접수해야 한다. 노동자들이 공장을 통제해야 한다. … 모든 사람이 대중의 권력을 지지한다고 한다. 노동자·농민을 고무해

그들이 원하는 대로 삶을 바꿔나가게 해야 한다. 공장·사무실·농장은 다시 조직돼야 한다. 볼셰비키당 내에 차이는 여전히 남아 있었다. 그리고 그 차이들은 당이 권력을 잡는 순간 겉으로 드러날 수밖에 없었다. 그러나 2월부터 10월까지는 당내 분쟁이 억제될 수 있었다. … [친자본주의적이고 온건한 사회주의자들로 이뤄진] 임시정부는 전복돼야 하고 혁명 정부가 들어서야 한다. 그러면 근본적인 사회·경제 개혁이 실행될 것이다. 유럽의 전쟁도 끝날 것이다. 러시아 혁명의 여파로 유럽 전역의 지배계급들이 타도될 것이다. 행동하지 않으면 재앙이 닥칠 것이다. 옛 러시아 제국에서 반혁명 세력들이 호시탐탐 공격 기회를 노리고 있다.(306~309쪽)

이 모든 것은 당시 사정을 잘 설명하고 있다. 즉, 레닌과 트로츠키, 그밖에 1917년 볼셰비키 혁명을 위해 결집한 사람들의 생각을 잘 보여 준다.

공산주의 문제

서비스(와 후버연구소)가 보기에, 여기서 문제는 혁명적 사회주의의 목표들이 이룰 수 없는 꿈일 뿐이라는 것이다. 아마 유일하게 합리적인 노선은 후버연구소의 '미션 선언문'에 나오듯이 사기업을 지지하고 우리의 사회생활에 대한 정부 개입을 제한하는 것이다. 그런 제한을 거스르면 대혼란이 일어날 것이고, 그 결과 자칭 혁명가들이 자신의 사상을 꺼리는 사회에 그 사상을 강요해서 필연적으로 전체주의 사회를 건설하게 될 것이다. 이것이 바로 서비스가 들려주고 싶은 이야기의 핵심이다.

서비스의 견해는 옛 트로츠키주의자 크리스토퍼 히친스와 토론할 때 날카로운 비판을 받았다. 히친스가 지적했듯이, 볼셰비키 혁명에 반대해서 잔혹한 내전을 시작한 막강한 세력들은 노동자·농민 소비에트를 "사법부 독립이 보장된 의회 민주주의"로 대체하고 싶은 생각이 별로 없었다. 히친스는 다음과 같이 말했다. "러시아 내전에서 트로츠키의 적군赤軍이 승리하지 못했다면 파시즘이라는 말은 … 십중팔구 이탈리아어가 아니라 러시아어가 됐을 겁니다." 서비스는 약간 곤혹스러워하면서 다음과 같이 말했다. "그 말은 약간 과장이지만, 백군에는 악독한 장교들이 있어서 적군을 상대로 잔혹한 내전을 벌였다는 것은 꽤 일리 있는 얘깁니다." 히친스는 코웃음을 치면서 이렇게 대꾸했다. "백군들은 러시아를 떠나야 했을 때 배낭에 〈시온 장로들의 의정서〉[러시아 반동 세력들이 유대인 혐오를 조장하려고 날조한 고전적 문서]를 담아서 유럽으로 가져왔습니다. 우리에게 호의를 베푼 게 아니라 독일식 파시즘을 가져온 겁니다!" 유럽의 대부분 지역에서 다양한 형태의 파시즘과 악독한 독재 정권들이 상층 계급의 지지를 받으며 혁명의 확산을 가로막는 장벽 구실을 했다.[14]

세계 곳곳에서 반란이 일어났지만, 레닌과 트로츠키의 기대와는 반대로, 노동자·농민의 사회주의 혁명은 러시아 밖에서는 승리하지 못했다. 이 광대하지만 후진적인 나라는 적대적인 자본주의 세계에서 고립됐고, 야만적인 제1차세계대전에 이어 내전에 휩쓸렸고, 이 모든 요인들이 러시아 경제에 파괴적 영향을

---

14 후주 6번에서 인용한 "Trotsky Per Hitchens and Service." Arno J. Mayer – *The Furies: Violence and Terror in the French and Russian Revolutions* (Princeton, NJ: Princeton University Press, 2000)와 Why Did the Heavens Not Darken? The 'Final Solution' In *History* (New York: Pantheon Books, 1998)도 상당한 문서 자료를 근거로 비슷한 점을 지적한다. 또, 1935년에 나온 윌리엄 헨리 체임벌린William Henry Chamberlin의 고전적 저작 *The Russian Revolution, 1917–1921*, 2 vols. (Princeton, NJ: Princeton University Press, 1987) 중에서 러시아 내전을 다룬 2권과 David S. Fogelsong, *America's Secret War Against Bolshevism, 1917–1920* (Chapel Hill, NC: University of North Carolina Press, 1995)도 보시오.

미친 데다 혁명가들 자신의 실수와 관리 경험 미숙도 있었다. 이 때문에 엄청난 위기가 닥쳤고 혁명 정권에 대한 대중의 신뢰가 실추했다. 결국 "임박한" 세계 혁명이 소비에트 공화국을 구출해 줄 때까지 "일시적인" 공산당 독재 체제로 안정을 확보하려 했지만 세계 혁명은 끝내 실현되지 않았다.

1917년 이후 5년 동안 많은 혁명가들이 죽거나 탈급진화한 반면, 이상주의자들과 기회주의자들이 모두 새 집권당으로 떼지어 몰려들었다. 살아남은 공산당원들과 신참 공산당원들은 ('평당원'이 아니라면) 권력과 특권을 독점할 수 있었던 탓에 부패하기 일쑤였다. 레닌은 위기가 한창 심각할 때 죽었다. 죽을 때까지도 그는 트로츠키와 손잡고, 당·국가 관료들이 공산주의의 이름으로 지배하면서 점차 특권층이 되는 것에 맞서 싸웠다. 레닌의 마지막 투쟁은 너무 짧았고 너무 늦었다.

트로츠키는 좌익반대파의 주요 대변인이자 상징적 인물이 됐다. 그 전에도 좌파적 반대파 경향들이 있었는데, 트로츠키와 레닌은 근시안적이게도 그들의 해산에 일조했다.[15] 또, 나중에

---

15 이 복잡한 문제에 대해서는 Victor Serge, *Memoirs of a Revolutionary* (London: Writers and Readers, 1984)[국역: 《한 혁명가의 회고록》, 오월의봄, 2014] 115–156, Simon Pirani, The Russian Revolution in Retreat,

는 다른 반대파들도 등장했다. 니콜라이 부하린이 이끄는 더 겁 많고 무기력한 "우익반대파"와 미하일 류틴이 이끄는 더 전투적이지만 가망 없는 선동가들이 그들이다.

그러나 트로츠키가 이끈 좌익반대파의 한계와 모순이 무엇이었든지 간에 그들은 스탈린 치하에서 승리한 관료주의적 폭정과 잔인한 정책들을 대체할 가장 멋지고 일관되고 지속적인 대안을 대변했다. 트로츠키는 1920년대 말 좌익반대파가 철저하게 패배한 후에, 특히 자신이 소련에서 추방당한 후에 세계 공산주의 운동(공산주의 인터내셔널, 즉 코민테른과 연계된 정당들) 안에서 원칙 있는 혁명적 경향을 건설하려 했다. 그는 소련의 관료 독재를 노동자·농민의 민주적 소비에트로 대체할 수 있는 방법은 오직 혁명적 전복뿐이라는 결론을 내리자 다양한 나라에서 자신의 견해에 동의하는 사람들을 불러모아 작지만 비타협적인 제4인터내셔널을 건설했다. 제4인터내셔널 산하 소규모 정당들과 단체들은 노동자·농민에게 "때묻지 않은 깃발"을 제공하려 했다. 예상했던 새로운 전쟁과 혁명의 물결이 일어

1920–24: *Soviet Workers and the New Communist Elite* (London/New York: Routledge, 2008), and Paul Le Blanc, "Bolshevism and Revolutionary Democracy," *New Politics*, Winter 2009, 45–52을 보시오.

나면 노동자들과 피억압 대중이 트로츠키와 그 동지들이 보존하려 한 혁명적 마르크스주의인 '볼셰비키·레닌주의'를 받아들일 것이라고 기대하면서 말이다.

이 모든 사실을 서비스는 철저하게 무시한다. 그러면서 트로츠키와 "스탈린의 생각에 공통점이 많았다"고 거듭거듭 주장한다. 특히, "트로츠키는 국가의 경제계획을 요구했다. 그는 자신이 덜 폭력적이고 더 민주적으로 경제를 계획할 것이라고 장담한 것만 빼면 소련의 실천과 근본적으로 다른 것을 전혀 내놓지 않았다."(617쪽)

후버연구소의 선임연구원이 트로츠키가 국가의 경제계획(확실히 이 점은 트로츠키와 스탈린의 공통점이다)에 헌신했다는 데 경악한 이유는 분명하지만, 덜 폭력적이고 더 민주적인 경제계획조차 거부하는 이유는 궁금하다.

불행히도, 이 전기에 나오는 많은 오류 가운데 하나는 트로츠키가 "1930년의 자서전에서 자신이 1920년대에 도입된 공식 조처들을 끊임없이 비판했다고 주장한다"는 서비스의 언급이다. 특히, 트로츠키가 1921년부터 1928년까지 지속된 신경제정책NEP처럼 시장경제에 양보하는 조처들을 비판했다고 주장한다는 것이다. 서비스는 올바르게도 다음과 같이 지적한다. "트로츠키는 NEP의 특정 측면들을 수정하거나 제거하는 것을 요구했지만 NEP 자체의 폐기를 요구한 적은 한 번도 없었다. 그는 소련 경제에 당분간 사적 부문이 필요할 것이라는 의견을 받아들였다."

서비스 주장의 문제점은 트로츠키가 1930년 자서전에서 이와 똑같은 것을 말하고 있다는 것이다. 《나의 생애》에서 트로츠키는 자신을 비판하는 스탈린과 소련 공산당 지도자들은 "당시 내 태도가 '농민을 과소평가'하고 NEP에 거의 적대적이라는 사실을 발견했다. 이것이 사실 그 후 나에 대한 모든 공격의 토대였다. 물론 실제로 보면 논쟁의 근원은 정반대였다"고 썼다. 트로츠키는 계속해서 다음과 같이 말한다.(그리고 서비스는 이 말을 인용한다.) 레닌이 "NEP로 전환하자고 처음으로 매우 신중하게 제안했을 때 나는 즉시 지지했다."

당시 레닌과 트로츠키는 (선진 공업국들에서 노동자 혁명이 일어나 사회주의의 새로운 발전 가능성이 열릴 때까지는) 노동자들이 통제하는 일종의 혼합경제를 지지했다. 그와 동시에, 두 사람은 "관료 집단 전체에 맞서는 동맹"을 구축하기로 합의했다고 트로츠키는 자서전에서 썼다. 이것이 트로츠키가 이끈 좌익반대파 강령의 핵심 기둥이 된다. 그리고 다른 사람들(그리고리 지노비예프, 레프 카메네프, 한동안은 레닌의 아내 크룹스카야도 포함해)이 트로츠키 편에 가담해서 통합반대파가 형성됐을 때도 그 기둥은 유지됐다. "레닌그라드 노동자들은 부농(이른바 쿨락)을 지지하는 정치 경향과 일국사회주의 정책에 분개해서 떨쳐 일어섰다." 반대파는 이런 태도를 확실히 받아들였다. 그러나 반대파가 NEP의 기본적 조처들을 반대하는 데까지 나아간 적은 한 번도 없었다. 트로츠키도 자서전에서 그런 인상을 주지 않으려 했다.[16]

국제주의와 노동자 민주주의

좌익반대파 이후 트로츠키 강령의 또 다른 핵심 기둥은 (레닌의 볼셰비즘 정신을 따라서) 소련의 운명을 사회주의 혁명의 확산과 계속 결부시켰다는 것이다. 서비스는 트로츠키가 자신의 혁명적 국제주의에서 "소비에트 국가의 존속이 위험해지는 것을 어느 정도까지 감수할지를 전혀 분석하지 않았다"고 주장한다.(618쪽) 여기서도 스탈린과 공통점이 있는 사람은 트로츠키가

---

16 Service, 604쪽; Leon Trotsky, *My Life, An Attempt at an Autobiography* (New York: Pathfinder Press, 1970)[국역: 《나의 생애》, 범우사, 2001], 462, 466, 479, 521.

아니라 전기 작가인 듯하다. 왜냐하면 스탈린이야말로 세계 혁명이 어찌 되든 상관없이 공산주의 체제는 "일국사회주의" 건설에 집중할 수 있고 집중해야 한다고 주장했기 때문이다.

1920년대까지 모든 마르크스주의자들이 그랬듯이 트로츠키도 사회주의는 경제적 후진국 한 나라에서 건설될 수 없다는 것을 알고 있었다. 러시아 노동자·농민의 생활이 더 나아지고 사회주의에 당연히 있어야 할 철저한 경제적 민주주의가 실현될 수 있느냐는 것은 선진 공업국들의 노동계급이 사회주의 혁명을 일으키는 것과 그들의 결정적 지원을 받는 것에 달려 있었다. 물론 아시아와 아프리카의 반反식민주의 혁명들도 세계 자본주의를 무너뜨리는 데 필수적이었다. "후진"국들에서 반란이 일어나면 "선진" 경제 대국들에서도 반란이 촉진될 터였다. 그러면 후진국들의 진보도 더한층 촉진될 것이다. 이것이 바로 공산주의 인터내셔널과 그 산하 정당들을 건설하는 데 그토록 많은 시간과 에너지와 자원을 쏟아부은 이유였다.

서비스가(그리고 다른 많은 사람들도) 이 점을 제대로 "이해하지" 못한다는 사실은 그가 트로츠키의 혁명적 국제주의, 특히 1917년 이후의 국제주의를 논하는 방식에서 드러난다. 서비스는 마치 선호하는 "정치적 올바름"[차별적인 용어나 행동을 삼가는 태도 — 옮긴이]이나 넥타이 취향 같은 유행을 논하듯이 트로츠키의 국제주의를 다룬다. "트로츠키는 여전히 열렬한 국제주의자였다. 그는 유럽과 아시아의 혁명이 필요하다고 줄기차게 썼다. 10월 혁명 직후 몇 년 동안 그런 관점을 견지하는 것은 결코 이상한 일이 아니었지만 트로츠키는 그런 관점을 놀라우리만큼 확고하게 고수했다. … 그는 여전히 특정 인물들의 특성을 찬양하거나 비난하는 것을 싫어했고 그것이 마르크스주의자의 적절한 태도라고 생각했다."(369~370쪽) 이 마지막 말은 사실이지만 요점을 벗어났다. 한 마디로 말해, 혁명적 국제주의가 승리하지 못하면 러시아 혁명은 패배할 터였다.

나중에 이 점을 제대로 이해하려고 노력하면서 서비스는 "자본주의를 무너뜨리고 혁명을 촉진하는 데 헌신하는 새로운 세계 조직", 즉 공산주의 인터내셔널을 건설한 이유는 근본적으로 "유럽에서 하나뿐인 극좌파 국가를 통치하는 한은 자본주의 열강 동맹의 공격 표적이 될 가능성이 크다"는 우려 때문이었다고 말한다. 이 생각은 스탈린과 1920년대 중후반에 그와 잠시 동맹했던 니콜라이 부하린의 공통점이었다.

그러나 트로츠키는 다음과 같이 반박했다. "자본주의 세계는 수출입 통계를 통해 우리에게 군사적 간섭 말고 다른 설득 수단도 있음을 보여 준다." 그는 레닌의 말을 인용해 스탈린과 부하린을 비판한다. "소비에트 공화국이 자본주의 세계 전체에 포위되고 고립된 변방으로 남아 있는 한은 우리가 경제적으로 완전히 자립하고 우리에게 닥친 위험 요인들이 사라질 것이라는 생각은 정말로 터무니없는 환상이고 몽상일 것이다." 트로츠키는 "소련이 군사적 간섭 때문에 파멸할 수는 있지만 경제적 후진성 때문에 파멸하는 일은 결코 없을 것"이라는 생각을 비판하면서, 소련이 세계 자본주의 경제 안에 존재하는 한은 사회주의를 건설할 수 없을 것이라고 주장했다. 이것은 레닌과 초기 볼셰비키가 모두 공유했던 생각이다.

그러나 스탈린을 중심으로 결집한 새로운 소수 관료 특권층은 레닌의 사상과 결별했다는 것을 한사코 부인하면서도 "일국사회주의" 건설이 가능하다는 생각을 받아들였다.[17]

서비스는 트로츠키의 마르크스주의에 대해 아는 바가 거의 없다. 그래서 "러시아 마르크스주의자들이 … 완전한 사회주의 사회를 건설할 수 있을 것"이라는 생각을 트로츠키의 것으

17 Leon Trotsky, *The Third International After Lenin* (New York: Pathfinder Press, 1970)[국역: 《레닌 이후의 제3인터내셔널》, 풀무질, 2009], 47, 49, 48.

로 돌린다.(207쪽) 사실, 스탈린은 경제적으로 후진적인 러시아에서 (야만적이고 잔인한 "위로부터의 혁명"을 통해) 그런 "사회주의" 건설을 향해 나아갔지만, 트로츠키는 그런 노력은 기껏해야 진정한 사회주의의 목표와는 별로 관계 없는 "자급자족적 사회주의라는 구두쇠의 반동적 유토피아"로 귀결될 것이라고 예언적으로 주장했다. 진정한 사회주의는 상대적 풍요를 바탕으로, 그리고 세계 자본주의에서 세계 사회주의로 이행하는 과정의 일부로서만 건설될 수 있다는 것이다.[18]

서비스는 1928년 스탈린-부하린이 공산주의 인터내셔널 6차 대회에 제출한 강령 초안을 비판한 트로츠키의 이 글을 다루지 않는다.(심지어 서비스는 6차 대회와 5차 대회를 혼동하기까지 한다.)

《배반당한 혁명》에서 트로츠키는 90년 전에[1848년 — 옮긴이] 칼 마르크스가 발전시킨 관점을 참조해서 자신의 분석을 더 심화시켰다. "생산력 발전은 [공산주의에] 절대로 필요한 진정한 전제 조건이다. 생산력이 발전하지 않으면 결핍이 일반화해서 생필품을 구하려는 투쟁이 다시 시작되고, 그래서 과거의 오

18 Ibid., 45-46;

물이 모두 되살아날 것이기 때문이다." 여기서 말하는 "과거의 오물"은 야만적 경쟁, 불평등, 착취, 억압을 가리킨다. 이것은 자본주의 못지않게 나쁜 스탈린식 "사회주의"의 특징이었다. 트로츠키는 자신의 분석을 다음과 같이 더 자세히 설명했다.

> 관료 지배의 토대는 소비재의 빈곤과 이에 따른 만인의 만인에 대한 투쟁에 있다. 상점에 물품이 충분히 있으면 구매자는 원할 때는 언제든지 상점에 들러 물건을 살 수 있다. 그러나 물품이 거의 없을 때는 줄을 서야 한다. 이 줄이 아주 길어지면 질서를 유지하기 위해 경찰관을 임명할 수밖에 없다. 이것이 소련 관료 집단이 누리는 권력의 출발점이다. 관료 집단은 누가 어떤 물품을 가져야 하고 누가 줄에서 계속 기다려야 하는지를 "알고 있다."[19]

---

19 Leon Trotsky, *The Revolution Betrayed* (New York: Doubleday, Doran, 1937)[국역: 《배반당한 혁명》, 갈무리, 2018], 56, 112. 트로츠키가 인용한 마르크스 글은 *The Germany Ideology* (1845)[국역: 《독일 이데올로기》, 청년사, 2007]에 나온다. 인용 전문은 Loyd D. Easton and Kurt H. Guddat, eds., *Writings of the Young Marx on Philosophy and Society* (Garden City, NY: Anchor Books, 1967), 427; Karl Marx and Frederick Engels, *Selected Works*, Vol. 1 (Moscow: Progress Publishers, 1973), 37을 보시오. 소련 사회에 대한 트로츠키의 분석이 점차 발전해서 《배반당한 혁명》

서비스는 《배반당한 혁명》에 나오는 문장 수십 개를 인용하지만 위의 문장은 단 하나도 인용하지 않았다. 《배반당한 혁명》은 트로츠키가 10여 년 동안 소련 사회를 분석한 결과의 결정판이고 트로츠키의 이론적 유산 가운데 핵심적 일부다.

서비스는 여전히 놀랍게도 자신이 쓴 전기의 주인공이 1930년대 내내 열정적으로 비판하고 주장한 바를 무시한다. 트로츠키는 "관료 집단은 경제적·문화적 진보의 토대를 허물지 않고서는 자신의 지위를 유지할 수 없다"고 주장했다. "전체주의 권력을 향한 투쟁의 결과로 가장 비열한 사기꾼들은 살아남고 최상의 인재들은 전멸했다." 트로츠키의 제안은 정치 혁명으로 다음과 같은 변화가 시작돼야 한다는 것이었다. "가장 광범한 소비에트 민주주의를 확립하고 정당 간 경쟁을 합법화할 것, 모든 공무원을 선출해서 고정불변의 관료 신분을 해체할 것, 주민들이 직접 참여해서 자신들에게 이익이 되는 경제계획을 수립할 것, 심각하고 모욕적인 불평등을 해소할 것, 신종 소비에트 귀

에서 절정에 이르는 과정을 연구해서 두툼하고 주목할 만한 박사 학위 논문을 써 볼 만한데, 다행히 근래 누군가가 이 일을 해냈다. Thomas Marshall Twiss, *Trotsky and the Problem of Soviet Bureaucracy* (University of Pittsburgh, 2009)를 보시오.

족의 등급과 훈장과 그 밖의 특전을 모두 폐지할 것, 원칙 있는 국제주의 정신에 맞게 대외 정책을 근본적으로 변경할 것."[20]

이 모든 사실을 서비스는 그냥 무시한다. "트로츠키가 비록 스탈린과 달리 인도주의적 사회주의 건설을 주장하고 자신은 그럴 수 있을 것이라고 생각했지만 그가 스탈린보다 더 잘 해냈을 것 같지는 않다. … 1920년대와 1930년대에 트로츠키가 확신을 갖고 스탈린을 비판한 내용을 보면 트로츠키 자신의 전략적 대안도 미덥지 않기는 마찬가지다."(858쪽) 그 이유는 분명히 1918~22년의 내전과 경제 붕괴라는 위기 상황에서 트로츠키가 권위주의적 구실을 했다는 것이다. 서비스는 "볼셰비키당은 심지어 노동자와 농민들조차 적극적 반대 행동에 참가하면 잔인하게 짓밟았다"고 쓴다. "'프롤레타리아'의 자기 해방이라는 트로츠키의 초기 사상은 오래된 동전처럼 주머니에서 자기도 모르게 빠져나가 버렸다."(468쪽) 진지한 혁명적 정신을 가진 사람들이라면 당시 트로츠키의 행적을 보면서 중요한 물음들을 던

20 "The Totalitarian Defeatist in the Kremlin," *Writings of Leon Trotsky, 1937–38* (New York: Pathfinder Press, 1976), 447; "Answers to the New York Herald-Tribune," *Writings of Leon Trotsky, 1936–37* (New York: Pathfinder Press, 1978), 413.

질 것이다. 그러나 서비스가 보기에 트로츠키의 행동은 모든 가능성을 완전히 차단하는 것이었을 뿐이다. 서비스는 이 격렬했던 5년 동안 일어난 일들을 핑계 삼아 그 후 트로츠키가 생각하고 말하고 행한 것을 모조리 기각하고 그 전의 모든 것에도 의문을 제기하는 듯하다.

이것은 도이처의 해석과는 사뭇 대조적이다. 도이처는 다음과 같이 평했다. "1922년 상반기에도 트로츠키는 여전히 볼셰비키의 규율을 강조하는 사람이었다. 하반기에 이미 그는 규율을 강조하는 사람들과 충돌했고", "노동자반대파나 그 비슷한 집단들과 더 가까워지고" 있었다. 물론 트로츠키는 그들의 견해에서 공상적이고 비현실적이라고 생각한 부분들은 받아들이지 않았지만, "당국에 대한 그들 반감의 합리적 측면은 인정했다. … 그는 중앙집권이 너무 나아갔다고 생각되자 그 과도한 측면들을 지적하며 항의하기 시작했다. … 당 '기구'들이 점차 당에서 독립해서 당과 국가를 종속시키려 하자 그는 당 '기구'들과 충돌했다." 도이처는 "권력과 꿈"의 간극이 커진 것으로 보고 이 점을 강조했다. 그리고 그 꿈을 실현하려고 권력 기구를 만들었던 볼셰비키가 느낀 모순의 심화도 강조했다. "그들은 이상의 실현을 추구하기 위해 권력을 유지해야 했다. 그러나 이제 그들의 권력은 그들 자신의 이상을 억누르고 압도하기에 이르렀다." 도이처는 다음과 같이 덧붙였다. "1920~21년에 모든 이해관계와 염원은 '철의 독재'에 완전히 종속돼야 한다고 트로츠키보다 더 적극적으로 주장한 사람은 없었다. 그러나 그 독재가 꿈을 집어삼키기 시작하자 볼셰비키의 최고위 지도자들 가운데 트로츠키가 가장 먼저 그 독재의 권력 기구에 등을 돌렸다."[21]

실제의 트로츠키

정치적 관점을 떠나서, 트로츠키의 생애와 사상을 진지하게 살펴본 사람이라면 대체로 서비스나 그 박수부대들보다는 더 심오하고 긍정적인 인상을 받을 것이다.

크리스토퍼 히친스는 트로츠키주의와 혁명적 사상을 버리고 후버연구소의 보수적 신념에 그 어느 때보다 더 가까워졌지만, 그럼에도 트로츠키에 대해 다음과 같이 주장할 수밖에 없었다. "도덕적·육체적으로 엄청나게 용감한 사람이었습니다. … 히틀

21 Isaac Deutscher, *The Prophet Unarmed: Trotsky 1921–1929* (Oxford, UK: Oxford University Press, 1959)[국역: 《비무장의 예언자 트로츠키》, 필맥, 2007], 51, 53, 54, 78.

러의 위험을 경고하는 소책자도 많이 쓰고 연설도 많이 했는데, 그의 글과 말이 윈스턴 처칠보다 훨씬 더 낫고 시기도 훨씬 더 빨랐습니다."[22]

뛰어난 문학·사회 비평가인 어빙 하우도 이전 트로츠키주의자인데, 아주 심하게 우경화하지는 않았다. 하우는 30여 년 전에 트로츠키를 "당대의 위대한 작가군에 포함시켜야 한다"면서 더 나아가 다음과 같이 주장했다.

> 나치의 발흥을 다룬 1930년대 트로츠키의 저작들보다 더 찬란하게 이런 재능이 빛나는 작품은 없을 것이다. 이 저작들은 망명지에서 급히 쓴 논설과 소책자들로 이뤄져 있고, 이론적 종합을 추구하지 않았다. 그 이유는 트로츠키의 주된 목표가 히틀러의 승리를 막기 위한 전술 지침을 제시하는 것이었기 때문이기도 하고 나치가 아직은 새로운 현상이었기 때문이기도 하다. 그러나 그 탁월한 저작들 안에는 나치즘을 이론화하는 데 필요한 요소들이 많이 담겨 있다. … 그 저작들에서 트로츠키의 주된 목적은 전면적인 파시즘 이론을 제시하는 것이 아니라 독일의 좌파들을 각성시

22 "Trotsky Per Hitchens and Service", cited in footnote 6.

켜서 공동 행동에 나서게 하려는 것이었다. 신랄한 풍자와 절박한 심정으로 — 그는 결코 바보들을 참을 수 없었다 — 트로츠키는 독일 공산당[스탈린의 지령을 따르고 있었다]의 어리석은 정책을 비판했다. 공산당은 초좌파적인 '제3기' 노선을 따라 사민당을 나치보다 더 위험한 "사회 파시스트"로 규정했다. 트로츠키는 아주 간단명료해 보이는 사실, 즉 공산당과 사민당의 공동전선("행진은 따로, 타격은 함께")만이 히틀러를 저지할 수 있다고 계속 주장했다. … 트로츠키의 조언을 따랐다면 … 20세기의 끔찍한 사건들 몇몇은 일어나지 않았을지 모른다. 적어도 독일 노동계급이 맥없이 쓰러지고 나치 도당이 제대로 된 저항 한 번 받지 않고 집권하는 일은 일어나지 않았을 것이다.[23]

어떻게 서비스는 이런 사실을 간단히 무시할 수 있는가?

서비스는 제4인터내셔널 관련 문서 자료도 거의 살펴보지 않은 채 제4인터내셔널 건설 노력을 무시한다. 제4인터내셔널은

---

23 Irving Howe, *Leon Trotsky* (New York: Viking Press, 1978), 136, 140. 하우가 말한 저작들은 Leon Trotsky, *The Struggle Against Fascism in Germany* (New York: Pathfinder Press, 1971)[일부 국역: 《파시즘, 스탈린주의, 공동전선》, 책갈피, 2019]에 실려 있다.

혁명적 사회주의 조직들의 세계적 네트워크로서 비록 규모는 아주 작았지만 트로츠키가 생애 말년에 헌신적으로 몰두했던 활동인데 말이다.

하우는 당시의 트로츠키를 "결함은 있었지만 가장 위대했던 … 너무나 인간적인 인물"로 평가했다. "격렬한 활동의 시기와 활기 없는 침잠의 시기가 번갈아 찾아왔다. 트로츠키는 자녀들에게 죄책감을 느꼈다. 자녀들의 생명이 모두 정치 투쟁 과정에서 이렇게 저렇게 희생됐기 때문이다. 그는 자신이 혁명적 과업을 완수하기 전에 죽을까 봐 걱정했다. 정치적 전망은 원대하지만 정치적 수단은 보잘것없다는 데 숨이 막힐 지경이었다."

그럼에도 "규율 있는 활동으로 되돌아가기 위해 개인적 슬픔을 떨쳐버리고 신랄하고 당당하게" 최선을 다하려고 노력했다. 특히, 하우가 "불운한 모험 사업"이라고 말한 제4인터내셔널 활동에 혼신의 힘을 쏟았다.[24]

서비스는 그런 비판적 관용을 베풀지 않았다. 서비스의 책에는 문서고에서 가져온 작은 금조각들이 여기저기 흩어져 있다. 이미 공개된 것도 있고 우리가 오래 전부터 알고 있었던 것도 있

24 Howe, 134, 135, 143.

지만 말이다. 예컨대, 정말로 혁명적인 사회주의 조직은 투쟁하는 노동자들을 다음과 같이 대해야 한다는 것이 그렇다. "노동자들에게 명령하지 말고 노동자들을 도와주고 그들에게 제안하고 사실과 사상과 공장 신문과 특별 리플릿 등으로 그들을 무장시켜야 한다." 혁명적 사회주의 조직을 (단지 지식인이나 화이트칼라 노동자들만이 아니라) "노동자들이 살기 좋은 곳"으로 만드는 것이 트로츠키의 주요 관심사였다. "많은 지식인들과 얼치기 지식인들은 추상적 일반론으로 노동자들을 겁에 질리게 하고 노동자들의 활동을 마비시킨다"고 트로츠키는 경고했다. "혁명 정당의 활동가들은 무엇보다 먼저 남의 말을 잘 들어야 한다. 말을 잘하는 것은 그 다음이다."(764~765쪽)[25]

그러나 대부분의 경우 서비스는 피상적 진술("세계 트로츠키주의 운동은 스탈린이 생각했던 것보다 훨씬 덜 실질적이었다")과 중상에 만족한다. "트로츠키는 자신의 근본적 신념이라는 동굴 속에 은신했다. 그런 신념에 대한 문제 제기는 일절 허용하지 않았다. 이에 감히 반대하는 추종자들에게는 겁을 줬다.

25 "The Social Composition of the Party," *Writings of Leon Trotsky, 1936–37* (New York: Pathfinder Press, 1978), 489, 490.

그리고 그들이 자신을 괴롭히지 말고 차라리 제4인터내셔널을 떠나기를 바랐다."(762, 815쪽)

제4인터내셔널에서 트로츠키가 한 정치적 실천의 한계가 무엇이든지 간에 많은 사람들의 기억과 1차 사료들뿐 아니라 제4인터내셔널의 역사를 진지하게 다룬 책들도 서비스의 피상적이고 지나치게 단순한 설명이 틀렸음을 보여 준다.[26]

서비스는 트로츠키의 그러한 위협이 아무 효과가 없었다는 자신의 주장을 뒷받침하려고 트로츠키가 1939~40년에 제임스 버넘과 벌인 논쟁을 집중적으로 살펴본다. 이 논쟁은 미국 사회주의노동자당SWP에서 벌어진 격렬한 분파 투쟁의 일부였다. 그

26 See Robert J. Alexander, *International Trotskyism, 1929-1985: A Documented Analysis of the Movement* (Durham, NC: Duke University Press, 1991); Pierre Frank, *The Fourth International: The Long March of the Trotskyists* (London: Ink Links, 1977); George Breitman, "The Rocky Road to the Fourth International, 1933–38" in Anthony Marcus, ed., *Malcolm X and the Third American Revolution: The Writings of George Breitman* (Amherst, NY: Humanity Books, 2005), 299–352; James P. Cannon , "Internationalism and the SWP," in *Speeches to the Party* (New York: Pathfinder Press, 1973), 67–91. 잡지 《혁명의 역사Revolutionary History》에서도 유용한 자료들(수준은 불균등하다)을 찾아 볼 수 있다.(인터넷 웹사이트 http://www.revolutionaryhistory.co.uk/ 참조)

러나 이 논쟁을 제대로 살펴보면 사실은 서비스의 주장이 틀렸음을 알 수 있다. 아이작 도이처가 쓴 전기는 다음과 같이 간결하게 설명한다.

> 미국의 트로츠키주의자들은 한편으로는 트로츠키의 견해를 수용하는 제임스 캐넌이 지도하는 '다수파', 다른 한편으로는 버넘과 [맥스] 샤트먼을 지지하는 '소수파'로 분열했다. 트로츠키는 다수파와 소수파 모두에게 쓸데없는 충돌을 일으키지 말고 서로 관용하는 태도를 취하라고 호소했다. 그는 캐넌파에게 버넘과 샤트먼의 주장을 강력하게 반박하도록 촉구하면서도, 그들 내부에서 스탈린의 첩자들이 이간질을 해 분쟁을 악화시키려 할 것이라고 경고하면서, '소수파'도 자유롭게 의사 표시를 할 수 있게 하고 SWP 안에서 하나의 조직적 분파로 활동할 수 있도록 허용하라고 권고했다. 트로츠키는 "만약 누군가가 버넘 동지를 축출하자고 … 제안한다면 나는 그 제안에 강력히 반대할 것"이라고 밝혔다. 심지어 소수파가 자신들만의 당대회를 연 뒤에도 트로츠키는 이를 소수파 축출의 빌미로 삼지 말라고 다수

파에게 조언했다.[27]

나중에 드러났듯이, 정치적 차이가 너무 커서 버넘, 샤트먼과 그 동료들은 자신들의 조직을 따로 건설해야 한다고 생각했다.

버넘과 샤트먼의 전기를 쓴 작가들은 아주 중요한 사실을 알려 준다. 피터 드러커는 좌파적 관점에서 쓴 샤트먼 전기에서 "1940년 4월 샤트먼은 SWP를 탈당해서 자신의 독자적 이론을 바탕으로 노동자당을 창설했다"고 말했다. 그들은 트로츠키 견해의 한계에 제약받고 싶지 않았다. 트로츠키와 달리 그들은 스탈린 치하 소련에서 관료에 반대하는 정치 혁명만 일어나면 된다고 생각하지 않았다. 그들은 사실 소련이 자본주의만큼이나 나쁜 새로운 형태의 억압 사회라고 보았다.(일부는 곧 자본주의보다 더 나쁜 사회라고 주장했다.) 이 새로운 조직은 거의 출범하자마자 충격에 빠졌다. 핵심 이론가 한 명이 트로츠키가 전에 경고했던 것만큼 "형편없는" 작자라는 사실이 드러났기 때문이다.

---

27 Isaac Deutscher, *The Prophet Outcast: Trotsky 1929–1940* (Oxford, UK: Oxford University Press, 1963)[국역: 《추방된 예언자 트로츠키》, 필맥, 2007], 475–476.

보수적 관점에서 제임스 버넘(곧 CIA에 들어가서 우파 격주간지인 〈내셔널 리뷰National Review〉의 편집자가 됐다)의 전기를 쓴 대니얼 켈리는 다음과 같이 말했다. "트로츠키에 대한 환상이 깨진 버넘은 이제 운동과 심지어 사회주의의 가치에 대한 확신조차 잃어버린 듯했다." 몇 주가 채 안 돼 버넘은 노동자당을 탈당하면서, 어리둥절해 하는 동지들에게 다음과 같이 해명했다. "나는 더는 마르크스주의를 받아들일 수 없다. 왜냐하면 현대의 역사가들, 경제학자들, 인류학자들이 마르크스주의 사상이 틀렸음을 입증했기 때문이다."[28] 버넘과 트로츠키가 그렇게 격렬하게 충돌했었던 것도 결코 놀라운 일은 아니었던 것이다.

샤트먼과 그의 동지들이 트로츠키의 제4인터내셔널에서 떨어져나간 뒤에 다른 사람들도 좀 다른 견해, 즉 소련은 단지 자본주의의 새로운 변형(국가자본주의)일 뿐이라고 주장하면서 제4인터내셔널을 떠났다. 그러나 대단한 정치 사상과 분석을 내놓은 독자적 경향들은 그럼에도 버넘(이나 서비스)과 사뭇 다르게

---

28 Peter Drucker, *Max Shachtman and His Left: A Socialist's Odyssey Through the "American Century"* (Atlantic Highlands, NJ: Humanities Press, 1994), 109; Daniel Kelly, *James Burnham and the Struggle for the World, A Life* (Wilmington DL: ISI Books, 2002), 84–86.

트로츠키에 대한 긍정적 태도를 유지했다.[29]

정치적 선택과 연속혁명

트로츠키와 결별하고 나서 15년 뒤에 버넘은 아이작 도이처의 트로츠키 전기를 비난했다. 버넘은 서평의 거의 시작부터 트로츠키의 죄를 나열하는데, 오만하고 이기적이고 성마르고 잔인했다는 그의 혹평을 보고 서비스는 전혀 놀라지 않을 것이다. 버넘은 도이처의 책이 훌륭한 연구·조사 결과를 바탕으로 하고 있고 "많은 공백"을 메웠다는 것을 인정했다. 또, 트로츠키의 뛰어난 재능뿐 아니라 "의식적으로 트로츠키의 약점, 즉 내가 앞서 거론한 중대한 결함뿐 아니라 때로는 그의 재능의 이면이기도 한 인간적 약점을 보여 준다"는 것도 인정했다.

그럼에도 도이처의 전기는 "지적 재앙"이라는 것이 버넘의 평

---

29 See Sean Matagamna, ed., *The Fate of the Russian Revolution: Lost Texts of Critical Marxism* (London: Phoenix Press, 1998) and Tony Cliff, *Trotskyism After Trotsky: The Origins of the International Socialists* (London: Bookmarks, 1999) and *A World to Win: Life of a Revolutionary* (London: Bookmarks, 2000).

가였다. 그 이유는 이데올로기 때문이었다. "도이처 씨는 볼셰비키 혁명을 받아들이고 정당화하는 관점에서 전기를 썼다." 버넘은 도이처가 전하려 한 트로츠키의 견해가 "우리 사회 대학교의 많은 학생들과 여론 주도층의 의식에 심각한 영향을 미쳤다"고 개탄했다. "모든 도서관의 학술적 참고도서만으로는 볼셰비키의 얼룩을 깨끗이 지울 수 없다"는 것이다.[30]

서비스는 후버연구소의 도움을 받아서 그리고 많은 친자본주의 지식인들의 박수갈채를 받으며 그런 손실을 확고히 만회하려 했다. 서비스가 쓴 전기에는 그가 주장하고 싶은 핵심 요지가 거듭거듭 되풀이되는데, 그것은 바로 트로츠키의 신념이 스탈린주의의 대단한 대안이 못 됐다는 것이다. 서비스는 책의 도입부에서 "스탈린과 트로츠키와 레닌의 견해는 차이점보다 공통점이 더 많았다"고 주장한다. 책의 거의 말미에서는 트로츠키의 "의도와 실천은 스탈린과 비슷했다"고 주장한다.(24, 858쪽) 그 중간에도 똑같은 주장이 여러 번 나온다. 비록 증거는(때로는 서비스 자신이 제시하는 증거조차) 그 주장을 뒷받침하지 못

---

30 James Burnham, untitled review, *Russian Review*, volume 14, No. 2, April 1955, 151–152.

할 때가 많지만 말이다.

트로츠키주의자든 아니든 식견 있는 당대 사람 중에는 서비스의 주장과는 사뭇 다른 이야기를 들려줄 사람이 많다. 영국 제국과 보수주의의 강력한 대변자인 윈스턴 처칠도 그런 사람이다. 처칠은 1930년대에 다른 사람들과 나눈 대화나 직접 쓴 글에서 혁명적인 트로츠키와 훨씬 더 합리적인 스탈린의 차이를 강조했다. 그 늙은 반혁명적 인사는 1938년 영국 주재 소련 대사와 사적으로 대화할 때 자신의 생각을 아주 솔직하게 털어놓았다. 당시는 "우파와 트로츠키주의자들의 반소 동맹"을 겨냥한 스탈린의 피의 숙청이 절정으로 치닫고 있을 때였다. 서비스 자신이 지나가면서 그 이야기를 들려준다. 처칠은 스탈린의 부하에게 이렇게 말했다. "나는 트로츠키를 증오하오! 나는 한동안 트로츠키의 행동을 예의 주시했소. 그는 소련의 사악한 천재요. 스탈린이 그에게 복수하겠다는 것은 아주 좋은 일이오."(802쪽)

사실, 시가를 즐겨 씹던 그 귀족은 그보다 1년 전에 자기만족적인 보수파의 웅변조로 다음과 같이 연설한 적도 있었다.

> 다시 한 번 트로츠키는 가장 순수한 공산주의 종파의 옹호자가 됐습니다. 세계 혁명을 신봉하는 새로운 극단주의자들과 교조주

의자들이 그의 이름 주위로 몰려들고 있습니다. 그를 중심으로 소련 비방이 극에 달하고 있습니다. … 레닌의 이름과 마르크스의 학설이 그를 논박하는 데 동원돼도 그는 오히려 그것을 활용하려 광적으로 애쓰고 있습니다. 소련인들의 피 속에서 공산주의의 독성이 약해지자 소련은 강해지고 있습니다. 그 과정은 잔인할 수 있지만 엽기적이지는 않습니다. 소련 정부가 트로츠키와 트로츠키가 새롭게 증류한 독약 성분들을 밖으로 몰아낼 수밖에 없었던 것은 일종의 자기보존 필요성 때문이었습니다.[31]

바로 이런 이미지에서 약간 과도한 측면과 스탈린을 암묵적으로 수용하는 부분만 빼면 서비스가 우리에게 제시하려 하는 이미지가 된다. 물론 훨씬 더 긍정적인 함의가 풀·꽃·민들레처럼 서비스의 약간 빈약한 설명에 생긴 균열을 뚫고 무의식적으로 솟구쳐 오르지만 말이다.

---

31 Winston Churchill, Great Companions (1937), reprinted in Irving H. Smith, ed. *Trotsky: Great Lives Observed* (Englewood Cliffs, NJ: Prentice-Hall, 1973), 87–88. 이 연설은 Clive Ponting, *Churchill* (London: Sinclair-Stevenson, 1994)에 자세히 기록된 처칠의 비민주적이고 엘리트주의적인(실제로 인종차별주의자였다) 상층 계급 태도와 딱 들어맞는다.

1960~70년대에 청년들이 급진화할 때 많은 청년 활동가들은 아이작 도이처와 조지 노백이 편집한 작은 글 모음집을 읽었다. 페이퍼백 형태로 널리 배포된 그 소책자의 제목은 《연속혁명의 시대 — 트로츠키 명문 선집The Age of Permanent Revolution: A Trotsky Anthology》이었다. 그 책의 머리말에서 도이처는 트로츠키의 연속혁명론(놀랍게도 서비스는 거의 신경쓰지 않은)을 "심오하고 포괄적인 개념"이라고 설명하면서, 연속혁명론은 "(이 후기 자본주의 시대에) 세계에서 일어나는 모든 체제 전복을 단일한 혁명 과정의 상호 연관되고 상호 의존적인 부분으로 파악한다"고 주장했다. 연속혁명론에서 우리는 민주주의와 계급투쟁, 스스로 해방을 추구하는 노동 대중과 피억압 민중의 자주적 활동이 세계 자본주의의 맥락 속에서 역동적으로 상호작용하면서도 그 한계를 뛰어넘으려 하는 것을 보게 된다.

트로츠키의 이론에는 세 가지 요소가 있다. 첫째, 적절한 상황에서 민주주의 투쟁과 당면 투쟁들이 노동계급의 정치 권력 쟁취 투쟁으로 발전할 가능성과 필요성. 둘째, 그런 투쟁은 사회주의를 지향하는 이행기로 귀결된다는 것. 셋째, 이 과정은 세계 전역에서 비슷한 투쟁들이 발전해야만 실현될 수 있다는 것. 사실, 이 요소들은 트로츠키가 젊을 때부터 죽을 때까지 그의 신념에 영향을 미쳤다.

도이처는 다음과 같이 강조했다. "더할 나위 없이 폭넓게 말해, 트로츠키는 우리 시대의 사회적 격변이 그 범위와 성격에서 세계적이라고 보았다. 비록 그 격변은 다양한 수준의 문명과 온갖 다양한 사회구조들에서 전개되겠지만, 그리고 그 격변의 다양한 국면들은 시간과 장소에 따라서 서로 다르겠지만 말이다."[32]

서비스가 제아무리 애를 썼어도 더 나은 세계를 바라는 청년 활동가들은 트로츠키의 생명력에 끌릴 수 있다. 그중 일부는 심지어 서비스의 책을 읽고 트로츠키를 처음 알게 될 수도 있다. 어쨌든 세계의 실제 상황을 보면, 후버연구소의 생각은 트로츠

---

32 Isaac Deutscher, "Introduction," *The Age of Permanent Revolution: A Trotsky Anthology* (New York: Dell, 1964), 19. 또, 미셸 뢰비Michael Löwy('마이클 로이'로도 발음한다)가 서문을 쓴 *Leon Trotsky, The Permanent Revolution & Results and Prospects* (London: Socialist Resistance, 2007)[국역: 《연속혁명 평가와 전망》, 책갈피, 2003]; Kunal Chattopadhyay, *The Marxism of Leon Trotsky* (Kolkata [Calcutta], India: Progressive Publishers, 2006), 93–195; Bill Dunn and Hugo Radice, eds., *100 Years of Permanent Revolution, Results and Prospects* (London: Pluto Press, 2006); and Paul Le Blanc, on ESSF website: Uneven and Combined Development and the Sweep of History: Focus on Europe도 보시오.

키의 생애와 사상보다 현실 관련성이 작다는 것이 드러날 수 있다. 따라서 청년 활동가들은 자신들이 연속혁명의 시대에 살고 있다고 결론짓고, 그래서 그 혁명에 투신하기로 결심할지도 모른다.